아무도
잊혀지지
마라

아무도
잊혀지지
마라

2012~2014년
쌍용자동차
투쟁 기록 사진집

글·사진 점좀빼

숨쉬는
책공장

2012.02.11. ~ 2012.10.20.

2012.02.11. 쌍용자동차 평택 공장 앞

희망텐트 1박 2일에 참여해 줄넘기하는 아이들.

2014년 3월 17일,
쌍용자동차 자본이 사명 변경을 추진한다고 발표했다.
아직 스물네 분의 혼이 공장을 배회하고 있고
김정우 전 지부장은 옥중에 있다.
쌍용차 전투 1,761일 차.

2012.04.09. 대한문 분향소

대한문 분향소로 투쟁의 전기를 만든 쌍용차지부.

이 분향소를 지키기 위해 경찰과 거의 매일,
무려 한 달에 가까운 싸움을 치러야만 했다.

비 내리는 어느 새벽,
한 경관은 노숙하는 조합원 곁을 지나며
영정이 비에 젖어 어찌하느냐고 중얼거렸다.

2012.07.21. 쌍용자동차 평택 공장 앞

'정리해고 비정규직 국가폭력 없는 세상을 향한 범국민공동행동' 대회 중
쌍용자동차 평택 공장 앞에 설치된 이명박 대통령 풍자 입간판.

2009년, 쌍용자동차는 회계조작으로 부당 정리해고를 저질렀다.
이에 저항해 공장 점거 파업을 전개한 쌍용차지부는
경찰 특공대에 의해 잔인하게 진압되었다.

자본과 이명박 정권에 의해
초법적으로 진행된 이 범죄에 책임지는 자는 없고,
노동자들은 지금도 손배가압류를 비롯한
갖가지 탄압을 받고 있으며,
빨갱이, 종북이란 딱지를 붙인 채 살아가고 있다.

2012.08.08. 새누리당 당사 앞

쌍용차지부, 박근혜 대선 후보 여의도 선거 캠프 앞 분향소 설치 시도.

경찰은 노동자들을 24시간 감시하며 공격적인 자세로 막아섰다.

집권당인 새누리당은 국회 차원의 쌍용차 소위 구성 노력을 무산시켰다.
이는 한진중공업을 비롯한 다른 사업장의 정리해고, 부당노동 행위와 연계되는 부분으로
자본과 이명박 대통령의 입장을 대변하던 그들로서는
입법기관의 기능을 마비시키는 작업이 필요했다.

지난 8월 4일, 한상균 전 지부장이 3년 만기 출소했다.
그는 2009년 쌍용자동차 정리해고 사태 당시 지부장으로서
77일 공장 점거 파업에 주도적 역할을 했다는 이유로
대법원으로부터 징역 3년형을 선고받았다.

2012.08.11. 새누리당 당사 가는 길

새누리당 당사로 향하는 모든 길이 막히자
경찰이 세운 '폴리스 라인'에 기대어 앉은 고동민 조합원.

서울 생활 7개월,
연행 4번,
고소 고발 9건.

판사가 그에게 직업을 물었다.
다른 사람들은 해고자, 혹은 무직자라고 말했지만
그는 '금속노조 쌍용차지부' 소속이라고 답했다.

2012.08.20. 일산 코엑스 앞

일산 코엑스에서 열린 새누리당 전당 대회장 앞에서
피켓 시위를 하고 있는 김득중 수석부지부장.

'쌍용차 국정조사 실시 및 쌍용차특별법 제정 촉구
각계각층 선언 3차 공동행동'이 시작되었다.
쌍용차지부는 해군 기지 건설 문제로 투쟁 중인 강정 마을과
연대를 시작했고 조계종은 각종 노동 현안을 다루는
노동위원회를 설치하기에 이르렀다.

8월 21일, 국회 환경노동위원회에서는 쌍용차지부는 물론
시민사회단체, 5대 종단 대표들이 참여하는 간담회가 열렸다.
여당인 새누리당은 전원 불참했다.

2012.08.30. 대한문 분향소

"험한 시간 이겨 내고 오신 동지들은 결단코 패배자가 아닙니다. 고장 난 자본주의를 사람 냄새 나는 세상으로 고치고 있는 최고의 기술자입니다. 가슴에는 한 많은 시가 가득 찬 시인이자 따뜻해야 할 세상의 참주인입니다. 더 이상 남몰래 울지 않겠다고 약속합시다. 동지들이 공장으로 돌아갔다는 소식이 들리면 술이 없어도 몇백 년을 덩실덩실 춤을 추며 이곳을 낙원 삼아 살 수 있을 텐데요."

— 화성교도소에서 한상균 전 지부장이 쌍용차지부 조합원들에게 보낸 편지 중에서

2012.09.04. 새누리당 당사 앞

비 오는 날, 새누리당 당사 앞 쌍용차지부 농성장.

분향소나 천막 설치 시도를 번번이 좌절시켰던 경찰은
비가 올 때만큼은 예외적으로 임시 비닐 천막을 허용했다.

대선이 코앞으로 다가오자 이들의 입에서
'인권'이란 말이 나오기 시작했다.

대선 후, 이들이 말하는 인권은 그때와는 많이 달라져 있었다.

2012.09.15. 대한문 분향소

대한문 분향소 앞에서 열린 전국불안정노동철폐연대 주최 문화제.

노동조합, 종교, 예술계 등 각계 인사들이 이명박 정권 말기와 대선이란
정치적 변동의 시기에 폭넓은 활동을 이어 가고 있었다.

2012.09.16. 대한문 분향소

"노동자들이 부르주아지의 이해를 조금만 건드리려 해도 부르주아지는 노동자들을 이성적으로 대하는 것이 아니라 법률적 강제라는 야만적 규율을 사용한다. 이러한 상태에서 지배하고 있는 부르주아지에 대한 불타오르는 적개심이나 절대 굽힐 수 없는 내적인 반항심을 마음속에 간직함으로써 인간으로서의 자각을 유지한다는 것은 결코 놀랄 만한 일이 아니다."
— 프리드리히 엥겔스, 《영국 노동자계급의 상태》(1845년) 중에서

2012.09.21. 국회의사당 앞

여의도 국회의사당 앞에서 열린
'쌍용차 국정조사 실시를 촉구하는 3차 범국민대회' 중
화단 나무에 걸린 피켓.

사회 각계에서 국정조사 실시를 촉구했지만
여당과 대선 주자들은 침묵으로 일관했다.

2012.10.04. 대한문 분향소

쌍용자동차 문제 해결을 위한 종교인, 시민, 예술인 등
각계의 끊이지 않은 10만 배, 3,000배.

이런 염원과 달리 새누리당은 국정조사를 끝내 거부했다.
하지만 기도는 끊이지 않았다.

2012.10.04. 대한문 분향소

인파 속에서 피켓을 들고 있는 김정우 지부장.

시청 광장에서 열린 싸이 공연에 모여든 인파는
어느새 분향소마저 점령했다.
결국 분향소의 천막 한 동과 기물들이 부서졌다.

여전히 많은 사람들이 분향소의 존재와 그 이유를 모르는 듯했다.

2012.10.09. 평택 쌍용차지부 사무실

쌍용차지부 사무실에 걸려 있는 화이트보드.

55세의 나이로 노인 병원에서 생을 마감한 희망, 아니 절망퇴직자.
스물세 번째 죽음에 이유일 사장이 근조 화환을 보냈다.
그는 유감의 뜻을 표했지만 여전히 법적인 문제는 없다고 말했다.

2012.10.13. 대한문 분향소

덕수궁을 산책 중인 김정우 지부장.

이날은 소금이 달다고 했다.

많은 이들이 단식 기록 작업을
불편해했지만 그래도 찍어야 했다.
기록이란 시간의 축적이자 역사다.

2012.10.20. 대한문 분향소

'쌍용차 해고자 전원 복직을 위한 77인 동조 단식 문화제'에서
사회를 보다가 잠시 말을 멈춘 고동민 조합원.

김정우 지부장이 단식에 돌입한 지 11일째를 맞고 있었다.

2012.10.31. ~ 2013.03.06.

2012.10.31. 대한문 분향소

단식 22일 차인 김정우 지부장.

말 시키지 마. 대답하는 것도 힘들어.

집회에서 '투쟁'을 외치는 목소리가 이전과 많이 달랐다.
촬영을 잠시 멈추고 얼굴을 응시했다.

지난 29일, 보수적이라고 알려진 서울변호사회에서
쌍용자동차 사태 특별 보고서를 발표했다.
사태의 원인을 국가와 사회의 장기간 외면, 농성 과정 및
파업 진압 과정에서의 인권 침해, 상하이차의 투자 약속 불이행 및
의도된 손상차손 계상 추정, 8·6 노사 합의 불이행 문제,
경영진의 해고 회피 노력 의무 해태 등으로 규정했다.

2012.11.11. 새누리당 당사 앞

박근혜 대선 후보의 새누리당 당사 방문 소식에
면담을 요구하는 조합원들.

경호 업무를 완수한 경찰 간부가 노동자들 옆을 지나며 침을 뱉었다.
세 번 뱉는 소릴 들었다.

2012.11.15. 건국대학교 새천년관

박근혜 대선 후보와 건국대 학생들의 간담회 회장에서
피켓 시위 중인 문기주 정비지회장.

'함께 살자'를 외치던 조합원들은
경찰과 경호원들에 의해 건물 밖으로 쫓겨났다.
같은 날 서울 중구청 도로정비과는
대한문 분향소 자진 철거를 요구하는 계고장을 발송했다.

지난 14일, 서울시와 서울 남대문경찰서, 서울 중구청이
대책 회의를 열어 강제 철거 집행을 합의한 것에 따른 수순이었다.

2012. 11. 20. 쌍용자동차 평택 공장 앞 송전탑

"쌍용차 부당해고는 개별 기업의 문제가 아니라 정권과 쌍용차 사측 그리고 해외 자본이 공모한 거대한 범죄다. 국정조사는 물론 검찰 수사를 통해 노동자에게 죽음에 이르는 고통을 안기며 책임을 전가하고 국고를 사적으로 취한 자들을 단죄해야만 한다. 또한 3,000여 명의 해고자들에게 보상과 복직을 현실화해야 한다."
— 송전탑 고공 농성 조합원들의 편지 중에서

2012.12.04. 대한문 분향소

서울 중구청 공무원들이 대한문 분향소 앞 인도와 가로수에 붙인
강제 철거 행정 대집행 영장.

같은 날 새누리당은 대선 후보 TV토론회를 앞두고
쌍용자동차 해외 매각, 기술 유출, 정리해고 진상 규명과
문제 해결을 위한 대선 후 국정조사 실시 계획을 발표했다.

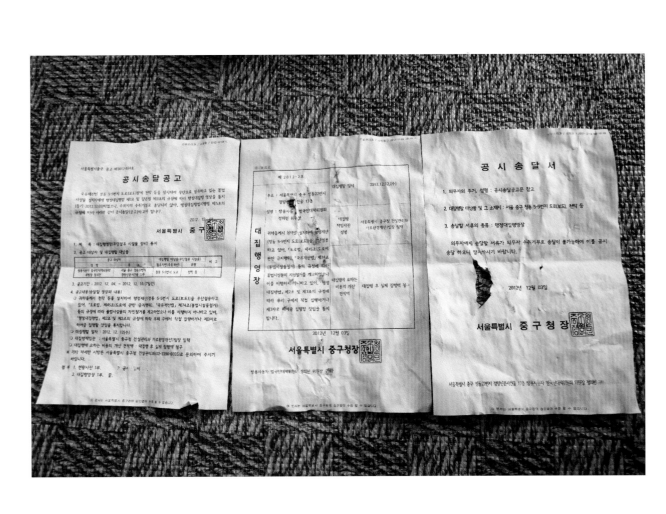

2012.12.21. 평택 송전탑 앞 농성장

문기주 정비지회장, 복기성 비정규직지회 수석부지회장,
한상균 전 지부장의 송전탑 고공 농성 돌입 32일 차 아침,
농성장 천막 주변의 눈을 치우는 양형근 조직실장.

2012년 12월 19일, 박근혜 대선 후보는 18대 대선의 승자가 되었다.
조합원들은 그의 공약인 국정조사 실시가 불투명해질 수 있음을 점쳤다.
결국 새누리당은 12월 임시 국회, 1월 국회에서도
쌍용자동차 문제를 회피했다.
쌍용자동차와 박근혜 정권은 2009년 점거 파업을 이유로
쌍용차지부에 약 430억 원의 손배가압류를 주장했다.
사측 보험사인 메리츠화재는 110억 원의 구상권을 청구했다.

대선이 끝나고 일주일 사이 다섯 명의 노동자가 자살했다.

2013.01.12. 쌍용자동차 평택 공장 앞 송전탑

송전탑 고공 농성장 천막을 나와
담배를 피우고 있는 문기주 정비지회장.

지난 9일엔 공장에서 일하고 있는
기업노조 조합원이 극심한 스트레스를
이기지 못하고 자살을 기도, 중태에 빠졌다.

2013.02.05. 대통령직인수위원회 사무실 앞

쌍용차지부, 대통령직인수위원회 앞에서
쌍용자동차 국정조사 촉구 해고자 전원 복직을 위한
인수위 앞 끝장 농성 돌입.

경찰과의 기 싸움 첫날.
쉽게 자리를 뜰 수가 없었다.

눈비에 카메라는 먹통이 되었고,
핸드폰으로 촬영을 이어 갔지만 곧 방전되었다.

2013.02.25. 국회의사당 앞

박근혜 대통령 당선자의 취임식이 열리는 국회 앞에서
항의 시위를 전개한 쌍용차지부를 비롯한 투쟁사업장 노동자들.

'박근혜가 해결하라'고 외쳤더니 경찰이 와서 상황을 해결했다.

2013.02.25. 국회의사당 앞

1인 피켓 시위마저도 저지하는 경찰력.

대학 동문들은 박근혜 정권의 시작을 촬영하고 전시까지 한다고 했다.
같은 시각, 국회 밖에서 봉쇄된 노동자들의 외침이 있었지만
동문들은 보이지 않았다.

2013.02.07. 쌍용자동차 평택 공장 앞 고공 농성장

"송전탑 투쟁 100일을 우리는 기념하고 싶지 않습니다.
누군가를 앞세워서 투쟁하는 건 너무 가슴 아프기 때문입니다.
4년 전 약속했던 무급휴직자가 공장으로 복귀하는 게 마냥 기쁘지 않습니다.
지난 4년간 너무나도 많은 이들이 우리 곁을 떠났기 때문입니다."
— 쌍용차 문화제 홍보 글 중에서

2013.03.06. 대한문 분향소

분향소 설치 333일 차인 3월 3일 새벽,
백색 테러로 추정되는 분향소 방화 사건 후
새로 들어선 천막.

보수 언론은 천막 시위 탓에 문화재가 훼손되었다며
쌍용차지부 연대 투쟁 노동자들에게 그 책임을 돌렸다.

2013.03.08. ~ 2014.02.18.

2013.03.08. 대한문 분향소

오전 7시, 200여 명의 용역을 동원한 서울 중구청의
대한문 분향소 철거 행정 대집행 시도.

2012년 11월 서울행정법원은 분향소가
공공 질서의 안녕을 해치지 않기에
남대문경찰서장의 옥외 집회 금지 통고 처분이
위법이라는 판결을 내렸다.
그러나 백색 테러 이후 집시법을 능가하는 법이 나타났다.
바로 도로법 제 45조와 국유재산법 제 74조.
분향소가 도로 교통에 지장을 끼치고,
국유재산에 설치되어 위법이라는 논리였다.
서울 남대문경찰서, 서울 중구청, 문화재청의 기획이었다.

2013.03.15. 쌍용자동차 평택 공장 앞 송전탑

송전탑 고공 농성 116일 차.

몸 상태가 심각해진 문기주 정비지회장은 송전탑에서 내려와야만 했다.
그날 그의 눈물을 처음 보았다.
남은 조합원 두 명의 상태도 악화되고 있었다.

2013.03.25. 인디다큐페스티벌 2013 시사회장

제13회 인디다큐페스티벌 2013에서 진행된
쌍용자동차 관련 단편 영화 〈하늘을 향해 빛으로 소리쳐〉 상영회 중
감독과의 대화 시간에 참석한 고동민 조합원.

2008년 비정규직 투쟁, 2009년 77일 공장 점거 투쟁,
2012년 국회 차원의 청문회, 김정우 지부장의 단식,
조합원 집단 단식, 송전탑 농성, 죽음에서 벗어나려 몸부림치면서도
죽음으로써 생명을 외치는 역설의 투쟁들,
시민들과 함께 어우러져 한목소리를 내던 대한문 분향소의 순간순간들.

그러나 해결된 문제는 아무것도 없다.
이들이 싸움을 멈출 수 없는 이유다.

2013.03.27. 대한문 분향소

연대 단위들이 대한문 분향소 앞에 만들어 놓은 작은 화단.

우리는
꾸준히
함께
살아갈 것이다.

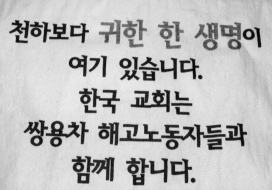

2009. 6. 11
관제데모,구조조정
스트레스 등으로
허혈성심근경색/ 사망

2013.04.12. 대한문 분향소

나흘 전 새벽, 분향소가 철거되었다.
쌍용차지부와 서울 중구청이 분향소 철거를 논하던 중에 일어난
기습적인 일이었다. 서울 중구청은 철거 후 분향소 자리에
화단을 조성했고 이 과정에서 노동자, 시민 등 36명이 연행되었다.
이후 천막 설치 시도는 계속되었다.

여야협의체 가동, 쌍용자동차 무급휴직자 복직 등의 문구가 언론을
장식하는 사이, 박근혜 정권은 거리의 노동자들을 정리하기 시작했고
쌍용자동차 자본은 복직을 이행하겠다면서 체불 임금 포기를 강요했다.

2013.04.12. 대한문 분향소

대한문 집회 중 홀로 화단에 들어간 고동민 조합원.

4월 12일, 쌍용자동차 주가는 전고점을 돌파 후 횡보 국면을 보였다.
기술적으로 투자를 고려할 수 있는 중요한 시점이었다.
그런데 주가엔 전혀 반영되지 않은 '사람'이 있다.

2013.06.27. 대한문 분향소

경찰이 보호하는 대한문 화단 앞에서
피켓 시위 중인 김득중 수석부지부장, 김정욱 대외협력실장.

2012년의 외침, 대선 공약화.
현재까지도 이 외침은 끝나지 않았다.

국회의 쌍용자동차 문제 해결을 위한 여야협의체는 예상대로 성과가 없었다.
쌍용자동차 문제는 자본의 회계조작과 이에 동조한 정권,
과도한 공권력 투입이란 국가폭력 문제다.
이는 국회 환경노동위원회에 국한될 수 없다.

쌍용차지부가 외침의 대가로 얻은 것 중 하나는
김정우 지부장의 구속 수감이다.

지난 5월 9일, 송전탑 고공 농성이 171일 차를 끝으로 해제되었다.

2013.07.25. 대한문 분향소

민주사회를 위한 변호사 모임의 노동회 주최 집회 후
늦은 밤까지 화단 경계를 서고 있는 경찰 병력.

화단 보호라는 명목이었지만 조합원들의 천막 설치 시도 때엔
무장한 경찰이 아무렇지 않게 화단 내에서 이동했다.

그러고 난 이튿날이면 서울 중구청이 훼손된 식물을 뽑고
다시 심는 과정을 반복했다.

2013.09.20. 대한문 분향소

노숙용 침낭을 옮기는 박주헌 조직부장.

분향소 천막은 사라졌어도 조합원들은
여전히 대한문에서 노숙을 이어 가고 있었다.
방화 백색 테러, 문화재청과 서울 중구청의 철거로 천막을 잃었다.
조합원들이 갈 곳은 더 이상 없었다.

2013.11.16. 대한문 분향소

위령제를 끝으로 분향소를 평택 공장 앞으로 옮기게 된 쌍용차지부.

이날 분향소를 정리하던 김정욱 사무국장은
"투쟁을 중단하자는 것이 아니라
다시 투쟁을 만들어 보자는 것인데 생각이 많네요"라고 말했다.

2013.12.02. 서울중앙지방법원 앞

주변의 기대와 달리 김정우 지부장에게 유죄, 실형이 선고되었다.

재판장을 빠져나온 조합원들은 말이 없었다.
상도동에서 조합원 몇 명과 과메기에 소주잔을 들었다.
같이 먹은 생마늘 탓인지 내내 속이 아리고 쓰렸다.

이날 취할 때까지 같이 있어 달라고 한 고동민 조합원은
자리가 파한 후 승합차에 앉자마자 코를 골며 잠들었다.

2014.01.22. 쌍용자동차 평택 공장 분향소

평택 공장 앞으로 옮겨진 분향소.

대한문 분향소와 달리 찾는 이가 많지는 않지만
공장 출입구를 배회하고 있을 혼들과 함께할 자리다.

2014.01.22. 쌍용차지부 사무실 뒷마당

후원 주점 준비 중인 서맹섭 비정규직지회장.

6년이란 시간이 만든 자리다.

보통 쌍용자동차 해고노동자의 수를 2,400명으로 헤아리고,
정리해고 투쟁을 이야기하면 77일 공장 점거를 떠올린다.

그러나 사실 해고노동자는 비정규직 해고자를 포함한
약 3,000여 명이며, 2008년 비정규직 싸움이 정리해고 투쟁의 시작이다.
현재 투쟁하고 있는 비정규직지회 조합원은 서맹섭 지회장을 비롯한
한윤수 사무장, 복기성 수석부지회장, 유제선 조직부장이다.

2014.02.14. 쌍용자동차 평택 공장 앞

쌍용자동차 투쟁 1,723일 차인 2014년 2월 7일,
서울고등법원 민사2부 선고.

"쌍용차 정리해고는 무효임을 확인한다."

소송 중인 정리해고자들이
평택 공장 앞에서 승소 기자회견을 가졌다.

1심 패소, 2심 승소.

정권의 정치적 판단일 테지만,
노동자들에겐 분명 전투의 승리다.

그러나 아직 끝난 것이 아니다.
응당 지금까지 걸어온 길을 흔들림 없이 걸어갈 사람들이다.

2014.02.18. 국회의사당 앞

국회 차원의 노력을 촉구하는 기자회견 중
본회의장을 바라보고 있는 정리해고 무효 소송 승소자들.

전투도 전쟁도 끝나지 않았다.

끝나지 않은 기록

인물이나 현상, 또는 한 시대를 제대로 이해하고 싶을 때, 우리는 기억의 한계를 넘어서기 위해 역사를 뒤적인다. 역사는 지속된 기록과도 같다. 기록은 시간의 축적이자 역사가 될 수 있다. 여기서 주목해야 할 것은 역사가 누구의 손으로 기록되느냐 하는 점이다. 이 중요성은 극동아시아의 과거사 논쟁에서, 한국에서 영화처럼 전개되고 있는 친일 역사의 합리화 과정에서 극명히 드러난다. 역사는 이렇게 객관적이자 편파적인 것이다.

2009년, 기억 속의 평택은 뜨겁고 머리가 어질어질한 곳이었다. 몇 번은 막연히 쌍용자동차 공장 앞에 서 있었고, 인터넷을 통해 전해지는 급박한 상황들을 마치 전쟁영화처럼 바라보았다. 그때 공장 지붕에서 꿈틀거리던, 작은 덩어리들처럼 보이던 조합원들은 점차 점이 되어 결국 기억 너머로 사라지는 듯했다. 이후 한 명 한 명 죽음의 행렬이 이어졌고 대한문 투쟁이 시작되고서야 망각과 외면으로 남았던 나의 기억은 빚진 자의 그것처럼 되살아나게 되었다. 당시 작은 덩어리 중 하나였을 사람은 "나도 베란다에서 아래를 처다봤다. 하지만 이젠 동지들 목숨 값 갚고 죽겠다"라고 말했다. '기록'에 대한 의무감이 엄습했고 이것은 왠지 모를 불가

항력으로 다가왔다. 결국 대한문 분향소에 나가 하루하루 셔터를 누르며 이 죽음의 이면을 살피게 되었다.

그래서 무엇을 보았을까? 하나는 자본과 국가요. 또 하나는 사람, 그냥 '사람'이겠다. 자본의 회계조작과 금감원의 서류조작, 경찰 특공대를 투입한 폭력진압과 마힌드라 자본의 미국 로비를 통한 쌍용자동차 인수란 반전. 이것은 모두 자본이 기획, 추진하고 국가가 자본의 이익을 대변하는 과정이었다. 과잉생산으로 위기에 빠진 자본이 스스로의 이익을 지키기 위해 구조조정을 통해 노동자들에게 책임을 전가하고 해외자본에 매각한 것이다. 나는 여기서 생산의 한 주체인 노동자들은 철저히 배제되었다는 점을 주목했다. 생산은 사회적인데 소유는 철저히 사적이라는 이상하지만 보편적인 체제의 이면을 본 것이다. 조작된 회계보고를 사실로 받아들이고 조합비를 담보로 한 자구책을 마련한 노동조합, 어쩌면 자본의 입장에선 순진하기 짝이 없는 모습이었을지도 모르겠다. 그러한 순진함은 그들의 죄목이 되었고, '함께 살자'는 상식적인 요구는 갈가리 찢겨져 내팽개쳐졌다.

공장 밖의 사람들은 침묵을 강요당하며 그림자의 생을 살아야만 했고 살아남은 공장 안의 사람들은 구제받은 대가로

이전보다 가혹한 환경 속에서 노동을 이어 갔다. 공장 안팎으로 소리 없는 신음이 이어졌다. 결국 스물네 명의 노동자가 스스로 혹은 병으로 신을 벗었다. 사람을 어떻게 이다지도 벼랑 끝으로 내몰 수 있는 걸까? 정리해고가 부당하다는 고등법원의 판결까지 났는데 책임지는 자는 나타나지 않는다.

이 광포한 폭압 속에서도 세상을 향해 소리치는 사람들이 있다. 2012년 3월 광화문광장, 한 사내가 1인 시위를 위해 광장에 섰지만 이내 경찰들에게 둘러싸였다. 사내는 얼어붙은 얼굴로 바닥에 널브러져 앉아 경찰들을 올려다 보았다. 자리를 떠나면서도 측은한 그의 모습은 내게 긴 꼬리가 되었다. 당시 소속도 이름도 몰랐던 이 사내가 바로 금속노조 쌍용차지부 고동민 조합원이다. 이제와 그를 보고 있자면, 그날의 모습을 떠올리기는 쉽지 않다. 그는 싸우는 기계로 단련된 것이다.

그럼 이들은 투사일까? 맞다 그리고 동시에 아니다. 시간을 함께 보내다 보면 종종 나도 모르게 조합원들의 틈을 응시하게 된다. 그럼 어느 순간 뭔가 무거운 덩어리가 내 가슴으로 들어와 차곡차곡 쌓이고, 이는 이들이 겪는 심신의 고통을 가늠하게 만든다. 스트레스로 대장이 괴사하거나 심지어 자살을 시도하는 경우도 있었다. 이것이 진정 투사의 모습이던가. 오히려 이들도 형제와 가족, 동료가 있는 그저 평범한, 그냥 '사람'이라는 것을 이들 곁에서 순간순간 재확인하게 된다. 이들은 이기기 위해서가 아니라 버티고 또 버티기 위해 안간힘을 다하고 있다. 투사로 태어난 것이 아니라 투쟁을 통해서 투사로 거듭난, 지극히 평범한 사람일 뿐이다.

그렇다면 투쟁과 파업이 없는, 고통이 사라진 세상을 염원해야 할까. 아니다. 나는 투쟁과 파업이 없는 세상이 아니라 그들이 투쟁과 파업으로 거듭나 한 인간으로서 노동자로서 바로 선 모습을 그린다. 이것이 평화, 사랑의 구체화이고 실천이라 믿는다. 이런 모습을 쌍용자동차 해고노동자들과 이들이 함께 한 정리해고·비정규직·노조탄압 없는 세상을 향한 투쟁사업장 공동투쟁단을 통해서 생생히 보았다.

아직 전투와 전쟁은 끝나지 않았다.
고로 '기록'도 멈출 수 없다.

싸우는 '者', 기억하는 '者'

언젠가 그가 내게 말했다. 같이 싸워야 하는데 그러지 못해 미안하다고. 카메라를 드는 것만으로는 마음을 다하지 못한다고 생각했던 모양이다. 나는 항상 소리치고, 욕하고, 울고, 웃어야 하는 '싸우는 者', 그는 그런 나를 향해 카메라를 들이대고, 찍고, 기록해야 하는 '기억하는 者'라 생각했는데, 그 순간 그는 내게 머리가 아닌 가슴을 내보였다. 그 후로 그는 내게 늘 특별했다. 단순한 기록자가 아닌 싸움의 한복판에서 끝까지 '기억하는 者'가 되겠다는 그의 다짐과 마음이 와 닿았기 때문이다.

그를 처음 만난 건 2012년 봄, 그가 광화문광장에서 겁에 질린 얼굴의 나를 봤다던 날로부터 두어 달이 지난 뒤였다. 물론 난 그런 얼굴이었던 적은 없다. 그는 비리비리해 보이는 게 카메라만 들지 않으면 대체 저걸 어디 갖다 써야 할지 모를 여린 인상이었지만, 수줍은 미소와 약간 어수룩한 말투가 인상적인 사람이었다. 그런 그의 겉모습에 속았다는 걸 깨닫게 되는 데엔 그리 오랜 시간이 걸리지 않았다.

얼마 지나지 않아 그가 보여 준 위계에 대한 냉소, 권위주의에 대한 신랄한 비판, 사람을 대하는 태도에서 풍기는 격의 없음이 꼭 맘에 맞았다. 또 그와 이주 노동자들의 인연, 강정 마을에서의 사진 작업 이력은 해고자였던 내게 새로운 자극이었다. 그런 그를 만나면서 비로소 내 싸움은 누구와 함께여야 하는가에 대한 고민으로 이어졌고, 그 고민은 노동이 아닌 자신의 정체성을 갖고 싸우는 이들과 만날 때 어떤 동질감이 되어 주었다. 이후 쌍용자동차 해고자들의 싸움이 해고 문제를 넘어선 싸움으로 이어질 수 있었던 배경에는 그와 같은 새로운 자극들의 영향이 컸다.

그의 성정을 닮은 사진은 격의가 없고, 시선에 위계가 없으며, 권위주의를 향한 비판이 날카롭다. 그의 시선은 노동자에게 죽음이 일상이 되고 절망과 무기력 사이에서 희망이란 단어에 집착하는 그런 지점에 닿아 있다. 고궁 한 귀퉁이에 영정을 두고 향로를 부여잡던 눈물의 시간 속에도 머물러 있고, 싸움이란 끊임없이 이어져야 한다는 강박의 흐름과도 궤를 같이하고 있다. 시간이 가면 갈수록 싸워야 했던 대상과 전선이 모호해지고 불투명해지는 것을 끊임없이 경계하고, 싸워 나가는 과정에서 새로운 목표와 싸움의 질문들이 만들어지고, 또 그에 답해야 하는 과정의 위태로움 또한 그는 이해했다. 그렇게 욕망하고, 번민하고, 다시금 싸워 나가는 이들의 숙명적 기억들을 그는 함께했다.

그가 내게 물었다. 어떻게 그렇게 질기게 싸울 수 있느냐고. 비단 쌍용자동차 해고자뿐만 아니라 자신의 생을 걸고 싸우는 이들을 향한 물음이었다. 사실 우리는 싸워야 하기 때문에 싸울 뿐이다. 그 지난하고 치열한 과정에서 해고자가 아닌 새로운 존재로 계속 싸워 나갈 수도, 또한 주저앉을 수도 있다. 하지만 결코 자신의 싸움에만 머무르진 않는다. 존재의 변화는 늘 세상과 맞닿아 있다. 그렇게 나만의 싸움으로 고립되지 않도록, 우리 모두의 싸움으로 세상과 이어 주는 이들이 '기억하는 者'들이었다.

단언컨대 내게 싸움이란 그런 이들과 함께 만들어 간 진귀한 경험이었고, 앞으로 함께 만들어 가야 하는 질문이다. 그리고 그 기억과 질문들을 이제 세상에 꺼내 놓는다.

아직 싸움은 끝나지 않았다. 그도 카메라를 놓지 않을 것이다. 쌍용자동차 싸움의 끝을 함께 보는 것만이 아닌, 우리가 어떻게 살아가야 하는지, 또 어떻게 손을 잡아야 하는지가 우리에게 남겨진 여정이다.

어쩌면 너무 늦었을지도 모를 그의 첫 번째 사진집, 우리 모두가 끝까지 기억하겠다는 다짐의 기록들을 기쁜 마음으로 축하한다.

고동민(쌍용차지부 대외협력실장)

당당히 공장 안으로
권지영 (와락센터 대표)

5년 전 쌍용자동차 파업에서 노동자들이 외쳤던 구호는 '정리해고분쇄투쟁'이었다. 당시 네 살이던 나의 아이는 발음이 어설퍼 그걸 정리해고부채투쟁이라고 따라 했다. 그래, 주택 담보 대출에 차량 할부금까지 빚이 많으니 부채 투쟁 딱히 틀린 말도 아니라고 어떤 날은 웃기도 했다. 3년 뒤, 일곱 살이 된 아이는 "정의해고반대투쟁이었구만" 하더니 "정의를 외치다 해고가 되었다. 이 뜻인 거야?" 하고 묻기도 했다. 이제 아홉 살이 된 아들은 더 이상 질문을 하지 않는다. 뭔가를 알게 된 걸까? 아님 물어도 들을 만한 답이 없다는 걸 이제 아는 걸까?

네 살이었던 아이가 이제 아홉 살이다. 그사이 알려진 것과 같이 많은 동료와 가족들이 우리 곁을 떠났고, 공장으로 돌아가려는 신념을 버릴 수 없었던 쌍용차지부의 조합원들은 거리의 사람이 되었다. 송전탑을 오르고, 곡기를 끊었으며, 대한문 분향소를 지키기 위해 싸우고, 맞고, 끌려가고, 갇히기를 5년간 쉼 없이 이어 갔다.

그런 우리를 보며 왜 포기하지 못하냐고, 왜 다른 선택을 하지 않냐고 묻는 사람들이 있다. 게으른 귀족 노동자 시절을 못 잊어서 발악이라는 악의에 찬 댓글도 따라다닌다. 그러게 말이다. 우리가 원하는 평범하고 소박한 일상이 반드시 저 공장 안으로 다시 들어가야만 가능한 걸까?

나도 그들에게 질문이 있다. 경영진의 부실경영으로 날벼락 같은 해고를 당했다. 법으로 보장된 노동조합의 파업권을 이용해 억울한 정리해고에 맞서 보려 했다. 그러나 경찰과 용역 깡패들에게 무자비한 폭행만을 당하고 공장 밖으로 쫓겨났다. 공장에서 함께 일했던 동료들과는 산 자, 죽은 자라는 잔인한 이름으로 나뉘어 원수가 되어 버렸고, 파업이 끝난 후 경찰서로 불려 다니며 굴욕적인 취조를 당했다. 그러다 구치소에 끌려가 형을 살기도 했고, 해고자에 이어 전과자라는 이름표 하나를 더 받아 들었다.

그리고 동료들은…… 죽었다.

이 억울함을 안고 어떻게 포기할 수 있단 말인가?

공장으로 돌아가겠다는 말은 공장 안 그 자리가 욕심난다는 말이 결코 아니다. 공장 안에 당당히 들어가는 것으로 우리가 옳았음을 확인하겠다는 뜻이다.

노동자를 함부로 대하는 사회에선 누구도 평범한 일상을 누릴 수 없다. 사진 속 쌍용자동차 노동자들처럼 대들고, 덤비고, 부수고, 부서지지 않는 한 우리는 거짓으로 꾸며진 평안함 속에서 지금처럼 조용히 누군가를 잃어 갈 뿐이다.

다시, 또 시작
김득중(쌍용차지부장)

쌍용자동차 사태의 진실을 밝히고 반드시 공장으로 돌아가겠다는 일념으로 앞만 보고 달려왔다. 어느덧 여섯 번째 봄의 문턱이다. 그러나 몸과 마음은 아직도 한겨울이다.

꺾인 희망과 좌절의 늪에서 헤어나지 못했다. 스물네 명의 동료와 가족을 떠나보내야 했고, 동료들의 파산과 가정 파탄을 지켜봐야 했다. 1년에 이자만 9억여 원에 달하는 47억의 손해 배상액, 이것이 우리의 현실이다.

더 이상 물러설 곳이 없기에 앞만 보고 투쟁해 왔다. 반백의 노동자가 41일간 곡기를 끊기도 했고, 세 명의 동지가 171일간 15만 4,000볼트가 흐르는 송전탑에 올라 고공 농성을 벌였다. 20일이 넘는 집단 단식, 그리고 수년간의 길거리 노숙 투쟁과 전국 순회 투쟁으로 쉼 없이 달려왔다.

2014년 2월 7일, 서울고등법원은 쌍용자동차 정리해고가 부당하다는 판결을 내렸다. 투쟁이 시작된 지 1,730일 만에 처음으로, 해고자들이 밝은 모습으로 비로소 당당하게 평택 공장 앞에 섰다. 이 모든 것이 함께 힘을 모아 준 연대의 성과임을, 그리고 이것이 투쟁의 끝이 아님을, 이제 다시 시작임을 우리는 잘 알고 있다.

아직도 사측은 우리의 대화 요구를 외면하고 있다. 끊임없는 외침에도 국정조사 약속 이행은 커녕 분향소 침탈과 경찰과의 폭력, 인권유린 그리고 김정우 동지의 구속이 있었을 뿐이었다. 지금도 여전히 정권과 자본은 함께 살자는 우리의 몸부림을 불법 행위로 치부하고 고소와 고발, 처벌의 대상으로만 취급하고 있다.

하지만 정권의 탄압과 자본의 외면에도 불구하고, 공장 안에선 해고자 복직을 이뤄 함께 일하자는 현장 동료들의 목소리가 새어 나온다. 비록 공장 울타리를 사이에 둔 상태지만 공장 안팎의 노동자들은 둘이 아닌 하나이기에, 함께 연대하고 함께하는 싸움을 통해 자본의 갈라치기를 이겨 내고 반드시 해고자 복직을 이룰 것이다.

봄을 기다리며
김정우(쌍용차지부 전 지부장)

덕수궁 돌담길 따라 놓여 있는 벚꽃은 지금쯤 미친 듯이 피어서 오가는 사람들에 시선을 받으며 사랑이 넘칠까? '꽃무덤을 철수하지 못한 채' 천막을 설치하지 못하도록 한 저 더러운 놈들의 소행에 치를 떨며 말라 비틀어진 민주주의에 언제쯤 봄이 올른지 참으로 기다려지지만 그것은 그냥 꿈이겠지.

무지막지한 힘으로 그저 천막치는 것 하나 막느라 CCTV까지 설치한 공권력. 더 정밀한 감시가 필요했더냐. 참으로 더러운, 추잡한 공권력아. 한 사람의 목숨은 하나의 우주와 같다고 했다. 스물네 명의 목숨을 학살해 놓고. 약속도 지키지 않으면서 무작정 막기만 한다고 모든 것이 없어지는가, 이 사람들아.

내 목숨을 던져 주마. 내 목숨도 가져가라. 그리고 더 이상 죽이지도 말고, 방치하지도 말고, 정리해고는 살인이다 했던 노동자들의 외침을 외면 말고, 피하지 말고 공장으로 돌려보내라. 내 먹을 곡기마저 너희들에게 줄 터이니 그것도 마저 가져가거라. 모자라거든 나의 영혼도 가져가거라. 그리고 우리를 해방시켜라. 공장으로 평온한 가족의 품으로. 정리해고 없는 세상으로.

법 좋아하는 너희들. 우리가 이겼으니 법대로만 실행해라. 흙먼지, 소음, 이제 그만하고 집으로 돌아가고 싶다. 양손에 공구를 잡고, 동료들과 가족들과 웃으면서 밥 먹고 노동하고 싶다.

얄팍한 꼼수로, 꽃밭을 만들어 놓고 가지치지 마라. 민주주의의 아름다운 역사를 역으로 돌리지 마라. 너희들은 그저 잠시 머물다 사라질, 아니 잠시 맡겨진 권력일 뿐이니까. 반드시 우리는 되찾을 것이다.

— 서울구치소에서 보내온 편지 중에서

함께 살자, 해고는 살인이다
문기주(정비지회장)

2009년 여름, 공장 안에서의 전쟁 같았던 시간이 아직 생생하다. 파업이 끝난 후, 6개월간의 구치소 생활을 마치고 세상으로 나왔을 땐 자유로운 몸이 되었다는 기쁨보단 막막한 앞날에 대한 걱정에 더 힘들었다. 차라리 갇혀 있을 때가 더 나았구나 하는 생각이 들기도 했다. 특히 줄줄이 이어진 해고와 가족들의 죽음은 나를 포함한 선도투 동지들에게 큰 상처를 주었다. 2012년 3월 31일에 세상을 떠난 이윤형 동지의 장례를 치르고, 뭐라도 하지 않으면 안 될 것 같았다. 스물두 명이라는 죽음의 숫자가 너무도 크게 다가왔다. 그렇게 대한문 분향소 투쟁이 시작되었다.

투쟁하는 사람들에게 힘든 순간은 참으로 많지만, 가장 견디기 힘든 점은 잊히는 것이다. 대한문 분향소는 정리해고로 인한 사회적 타살에 대해 책임져야 할 이들의 책임을 촉구하는 의미와 더불어 시민사회단체에 쌍용자동차 해고 문제를 잊지 말아 달라고 손을 내미는 의미도 있었다. 하지만 공권력은 한 평의 공간도 쉽게 내어 주지 않았다. 분향소 설치를 막는 경찰들과 온종일 전쟁을 치르고 나서야 겨우 바닥에 영정을 모시고 간이 분향소를 갖출 수 있었다. 그리고 함께 싸워 준 동지들 옆에서 하늘을 이불 삼아 새우잠을 잤다. 4월의 밤이었지만 몹시 추웠던 걸로 기억한다.

며칠 지나지 않아 비가 쏟아졌고, 상복을 입은 채로 온종일 비를 맞았다. 그렇게 견디고 싸우는 중에 겨우 간이 천막을 하나 놓을 수 있었다. 그러는 사이 우리 소식을 전해 들은 시민들의 마음이 하나둘 대한문으로 모이기 시작했다. 분향소에서 한없이 울다만 가는 분도 계셨고, 약소하다며 따뜻한 음료를 건네고 후다닥 사라지는 분, 따뜻한 식사라도 대접하고 싶다며 도시락을 준비해 오는 분도 계셨다. 이렇게 많은 분들이 각자의 방식으로 우리의 싸움에 힘을 보태 주었고, 이는 나를 비롯해 계속되는 죽음으로 상처 입었던 우리 동지들의 마음을 어루만져 주기에 충분했다. 쌍용자동차 해고자들은 대한문을 통해 깜깜한 어둠 속에서 한줄기 빛을 발견할 수 있었다.

대한문 투쟁 이후 노숙, 단식, 고공 농성 등 극한의 투쟁들을 이어 갔지만 정작 답하고 책임져야 할 사람들은 아무런 답도 하지 않았다. 박근혜 정부의 시작과 함께 벌어진 폭력적인 분향소 침탈과 김정우 전 지부장 구속이 그 답이었나 하는 생각이 들기도 한다. 그렇다면 우리도 그에 맞게 행동해야 할 것이다. 힘 있는 투쟁과 그 투쟁에 손잡고 연대하는 강고한 모습을 저들에게 보여 줘야 한다. 어려운 시기지만 함께해 주는 마음들에 늘 감사하며 그럼에도 앞으로 남은 싸움에 계속 함께해 줄 것을 부탁드린다. 우리도 지치지 않고 열심히 싸워 나가려 한다.

비정규직 없는 현장으로
서맹섭(비정규직지회장)

쌍용자동차 비정규직 노동자들의 처음 바람은 '일터를 지키자'는 것이었다. 구조조정을 한다는 이유로 우선적인 해고 대상이 되고, 막무가내로 잘려 나가야 하는 그 현실이 서러웠다. 그래서 이런 현실을 극복하기 위해 투쟁을 시작했다. 그러나 원청인 쌍용자동차는 하청업체를 폐업시켰고, 그 하청업체의 노동자들은 폐업에 따라 자동적으로 계약 해지가 되어 버렸다. 비정규직 노동자들은 정규직 노동자들과 77일 파업에 함께하면서 '총고용 보장과 분사 저지'를 위해서 투쟁했다. 총고용 보장을 통해서 모두가 현장으로 돌아가기를 원했다. 8·6합의로 비정규직이 현장에 돌아갈 가능성이 높아지면서 투쟁한 노동자들은 한 명이라도 다시 현장으로 복귀하고자 했다.

그런데 이제 비정규직 노동자들은 '일터로 돌아가기'만을 원하지 않는다. 반드시 정규직으로 현장에 돌아가고자 한다. 2004년과 2006년, 2008년 그리고 2009년에 대책 없이 해고되면서 비정규직의 설움을 겪었다. 이제 다시는 그렇게 맥 없이 해고당하지 않으리라. 반드시 정규직으로 현장에 돌아가 다시 투쟁할 것이다. 이제 다시는 그렇게 노동자들을 갈라치기하고, 누군가를 우선 해고해서 고용의 방패막이를 만

들고 다시 정규직 노동자들마저 내치는 형태의 구조조정을 반복하지 않아야 한다. 그렇기 때문에 새로운 구조조정의 시기가 오더라도 모두가 단결하여 싸울 수 있도록, 산 자와 죽은 자로 나뉘지 않고, 고용 형태로 나뉘지 않도록 하는 조건을 만들어 나가려 한다. 비정규직 노동자들은 반드시 정규직으로 현장에 돌아갈 것이다. 투쟁하는 노동자들만이 아니라 쌍용자동차 현장을 비정규직 없는 현장으로 만들기 위해 노력할 것이다.

ⓒ쌍용차지부 제공

정리해고와 우리의 권리
양형근(쌍용차지부 조직실장)

쌍용자동차는 수많은 오욕과 굴곡진 역사를 살아왔다.

2005년 중국 상하이차에 매각된 이후, 4년 만에 먹튀 자본에 맞선 노동자들의 극렬한 저항에 직면할 수밖에 없었고, 네 번의 매각 과정에서 수많은 동지들을 떠나보내야 했다. 대규모 구조조정을 통해 사회안전망이 갖춰져 있지 않았던 공장 밖으로 쫓겨난 노동자들은 죽음으로 내몰릴 수밖에 없었다.

최근 사용자들의 정리해고권 남용으로 여러 가지 사회적 문제들이 발생하고 있다. 이제는 더 이상 자본의 입맛대로 정리해고를 함부로 남용해서는 안 된다는 것과 노동자들의 죽음, 그리고 수많은 노동자들의 눈물을 가져온 쌍용자동차 사태의 진실이 밝혀졌다는 것을 고등법원 판결을 통해서 우리는 확인했다. 긴박한 경영상의 필요성과 관련해 쌍용자동차처럼 재무 건전성을 악화시키기 위해 그동안 줄기차게 제기했던 회계조작의 문제가 인정되었다.

이 나라에서 구조조정 관련 노동자들의 투쟁은 인정되지 않는다. 하지만 대법 판결 사례에도 있듯이 의도적 또는 불순한 의도를 가지고 한 정리해고는 무효이며 이에 저항한 투쟁은 인정된다.

그렇다면 쌍용자동차 사태로 백여 명의 노동자들이 구속된 문제를 어떻게 봐야 하나! 되돌아보지 않을 수 없는 문제인 것 같다. 자본주의 세상에서 회계부정은 있을 수 없는 일이다. 이것은 시장경제 질서를 무너뜨리는 아주 중대한 사항이기에 쌍용자동차의 국정조사가 불가피하다. 해고 회피 노력과 관련해도 희망퇴직처럼 근로관계를 단절시키는 것을 전제로 하는 해고 회피 노력은 인정되지 않는다는 것이 명확해졌다. 그러하기에 정리해고 문제는 이제는 법적 보완을 하던지 철폐되어야 함이 마땅하다. 또한 권력과 자본으로부터 처절히 짓밟히고 외면당하면서 가정은 파탄 나고 삶의 행복을 송두리째 빼앗겨 버린 노동자들에게 한 번의 파업으로 수십억 원의 손배를 청구하는 이 나라가 정상인지 묻지 않을 수 없다.

정리해고로 인한 폐해가 사회적으로 쟁점화되면서 수많은 연대가 확산되는 계기가 만들어지고 있다. 개별 노동자들은 취약하다. 우리가 연대의 확산을 통해 권력과 자본에 저항하는 것만이 우리의 소중한 권리를 되찾고 우리의 밝은 미래를 만들어 가는 데에 도움이 되는 길이 아닐까?

가야 할 길
이갑호(창원지회장)

2009년…… 그리고 2014년. 나는 6년간 빚을 갚고 있다.

대부분의 사람들은 이 말을 듣고 '그동안 빚진 돈이 많나?', '생활이 어렵나?'라고 생각할 터다. 물론 어렵다. 하루가 다르게 아이들은 자라고, 이런저런 투쟁을 함께하다 보니 통장 잔고는 메마른 지 이미 오래다.

하지만 내가 지고 있는 진짜 빚은 다름 아닌 동지들에 대한 빚이다. 77일간 공장에 있을 때 우리를 향해 함성을 보내 준 동지들, 조사를 마치고 나왔을 때 따뜻한 마음으로 나를 안아 준 동지들에 대한 빚이다. 그래서 그 빚을 갚기 위해 쌍용차지부 창원지회를 떠나지 못하고, 늘 투쟁 현장에 달려갈 마음의 준비를 하며 현장에 연대하기 위해 달려가고 있다.

누군가 "그동안 많이 갚았다. 인자 니 살길 찾아봐라"라고 말했다. 하지만 이놈의 빚, 도저히 갚아지지가 않았다. 오히려 6년 동안 정해진 이자가 있는 것도 아닌데 더 많은 빚을 지게 되었다. 쌍용자동차 노동자들의 복직 투쟁이 금속노조에서 민주노총이 함께하는 투쟁이 되었고, 시민사회단체가 함께하더니 이제는 전 국민이 함께하는 투쟁이 된 것이다. 전 국민에게 진 빚이니…… 고작 6년 가지고 갚을 수 있겠는가.

그래서 나는 오늘도 빚을 갚는다. 새벽 어둠이 가시지 않은 창원 공장 정문 앞에서 바람을 맞으며 다른 동지들과 해고 복직 투쟁을 함께하고, 선전물을 돌리며 이야기하고, 현수막을 들고 출근하는 옛 동료들과 눈을 마주치며 인사한다. 그리고 해가 떠오르면 평택지부 일정에 따라 올라가고, 투쟁 현장에 달려가며, 해가 지면 또다시 공장 앞으로 가서 퇴근하는 동지들과 마주한다.

언제쯤 빚을 모두 갚을 수 있을지 모르겠다. 그러나 전체는 아니더라도 일부나마 상환하는 날이 반드시 오리라 생각한다. 복직이라는 상환으로 말이다. 그날을 위해 여전히 나는 투쟁한다. 일부나마 상환하더라도 언제나 지금의 마음을, 생각을 버리지 않고 이어 나갈 것이다.

지치지 않고 투쟁할 수 있게 많은 빚을 많은 분들이 안겨 주시리라 믿는다. 지회에는 혼자 남아 있지만, 오랜 해고 생활에 같이는 못하지만 마음은 항상 같이하는 18명의 창원 동지들이 있고 나에게 힘이 되어 주는 연대의 동지들이 있기에. 누군가는 가야 할 길, 누군가는 나서야 할 길이기에 내가 부족하다는 걸 알지만 힘이 되어 주는 동지들과 함께 힘내어서 앞으로 나아갈 것이다.

기록이 기억의 나이테가 된다
이창근(쌍용차지부 정책기획실장)

카메라에 노출된 채 살아간다. 몇 년을 이렇게 지내다 보니 표정과 행동이 이에 최적화되어 카메라 셔터 속도만큼이나 빠르게 반응하기도 한다. 의식하지 않겠다는 노력이 오히려 어색한 표정을 남기기 일쑤다. 카메라 앞에서 자연스럽기

란 어렵다. 사진 속 표정은 내 것일까. 인화된 사진을 보며 의구심이 든다. 내 모습이면서도 가늠하기 어려운 것이 지난 시간의 모습들이 아닐까. 기억은 편집되기 마련이라 했고 과거는 미지의 여행이라고도 하지 않던가. 지난 시간은 내 것일 수 없고 지나온 발자국조차 내 것임을 주장하기 어려울 정도로 어렴풋하다. 그것이 기억이다.

생장 조건과 변화를 나무 스스로 기록하는 나이테는 기후 조건이나 환경 변화, 특정한 사건의 압축 기록물이자 블랙박스 구실을 한다. 사람에게 이런 나이테와 같이 블랙박스 역할을 하는 것은 무엇일까. 오로지 기억으로 모든 사건과 일상을 기억하는 것은 가능한 일일까. 그렇다면 그 기억은 사실에 부합하는 것일까. 기억하고 싶고 남겨 두고 싶은 특정 장면만 취사선택하는 건 아닐까. 그런 면에서 기억은 주관적 프리즘에 가까워 보인다. 노동자들의 고단한 일상은 기억을 주문하고 잊음을 강요한다. 그러나 투쟁이 일상이 될 때 이런 주문은 성가시다.

회상만으로 떠올릴 수 없는 것들이 있다. 등판을 흘러내리던 땀 냄새와 이마를 훑고 지나던 바람의 선선함. 이 소소한 것들이 분절되지 않고 하나의 꼴로 마침내 기억을 객관의 영역으로 밀어 넣는다. 사라졌던 당시의 느낌이 풍화되고 가라앉았던 공기와 바람이 기억을 빗질한다.

비로소 기록이 기억의 나이테가 되는 순간이다.

절망의 끝에서 피어난 희망
한상균(쌍용차지부 전 지부장)

함께 살자고 외쳤던 2009년 봄에도 벚꽃이 흐드러지게 피었겠지만 대량 해고의 광기 앞에 살기 위한 몸부림들만 지울 수 없는 기억으로 남아 있다. 이름 대신 해고자로 살아온 일상이 쌓여서인지 억울함과 분노조차 일하고 싶다는 소박한 바람이 되어 버린 지 오래다. 처자식을 책임져야 했기에 자본이 쥐어 준 쇠파이프를 들 수밖에 없었던 동지들의 상처 또한 가늠할 수 없을 정도로 크다는 것을 이제야 알아 가고 있다. 뭐라도 하지 않으면 견딜 수가 없어서 굶고 오르고 악다구니로 울부짖으며 생과 사의 문턱을 넘나들 때, 혼자가 아님을 가르쳐 준 연대의 함성이 있었기에 절망의 끝자락에도 희망이 있음을 확인했다.

인내의 시간이 더 이상 길지 않기를 바란다는 재판장의 당부와 함께 '2009년 자행된 쌍용자동차 대량 해고'는 무효라는 항소심 판결이 내려진 지난 2월 7일. 이날은 진실과 정의를 믿고 포기하지 않고 싸워 준 동지들과 언덕이 되어 준 수많은 시민이 증인이 되어 만들어 낸 쌍용자동차 투쟁의 역사 중 결코 잊을 수 없는 날로 기억될 것이다.

회계조작 기획부도 국가폭력에 의해 자본의 신종 무기로 확고히 자리 잡게 만든 쌍용자동차 정리해고가 무차별적으로 악용되는 탐욕의 한국 사회 자본주의 질서에 경종을 울리는 날이기도 하다. 하지만 스물네 명의 동지와 가족들의 얼굴 없는 영정은, 지금도 타고 있는 향불과 촛불이 들불처럼 타올라 죽음을 멈춰 내고 정리해고와 비정규직이 없는 세상을 갈망하고 있음을 결코 잊지 않을 것이다.

혁명가도 반역의 시대에 저항하는 투쟁가도 아니었지만 투쟁을 피하지 않았던 자랑찬 동지들과 함께해 온 피맺힌 5년을 한두 권의 책에 모두 담을 수는 없을 것이다.

역사는 승자의 무용담으로 남을 것이고, 이 시대의 승자는 자본 권력이다. 되풀이되지 말아야 할 처절한 패배와 분노, 꺾이지 않았던 질긴 투쟁, 그리고 '노란봉투 손잡고 운동'처럼 기적이라는 수식어까지 만들어 낸 아름다운 사회적 연대까지…….

우리네 방식의 소중한 시간들을 남기기 위해 열정으로 가슴에 담은 절절한 사진들을 한 권의 책으로 만들어 주심을 진심으로 감사드리며 동지애를 보낸다.

끊임없는 투쟁으로 승리를
한윤수(비정규직지회 사무장)

쌍용자동차는 2009년 2,646명에 대한 정규직 정리해고를 단행하기에 앞서 2008년 10월부터 사내 하청업체 비정규직 노동자들에 대한 구조조정을 시작했다. 당시 비정규직 노동자들은 사실상 강압적인 희망퇴직으로 350여 명 이상의 노동자들이 구조조정되었으며, 강제 희망퇴직에 불응한 40여 명의 비정규직 노동자들에게 무기한 강제 휴업 조치를 단행했다.

이 같은 비정규직 노동자들에 대한 사전 구조조정 상황에서 비정규직 노동자들의 고용과 생존권을 지키기 위해 비정규직 노동자들은 2008년 10월 비정규직노조를 만들었다.

2009년, 상하이차의 철수로 인해 쌍용자동차가 법정 관리에 들어가면서 강제 휴업에 들어간 비정규직 노동자들은 사내 하청업체의 폐업 등을 이유로 강제 해고를 당했고, 곧이어 2,646명의 정규직 노동자들에 대한 대량 정리해고와 그에 맞선 공장 점거 파업이 시작되었다. 이에 19명의 비정규직 노동자들도 정규직 노동자들과 77일간 공장 점거 파업 및 86일간 공장 안 굴뚝 농성 투쟁에 함께했다.

2009년 8월 6일, 노사 간 합의로 77일 파업을 풀면서 원청인 쌍용자동차는 공장 점거 파업에 함께 참가한 비정규직 노동자 19명의 공장 복귀에 대한 고용 보장 확약서를 정규직노조와 함께 작성했다. 허나 쌍용자동차는 이후 고용 보장 확약서상 비정규직 노동자들의 공장 복귀 약속조차 이행하지 않았다.

비정규직 해고노동자들은 5년간 정규직 해고노동자들과 함께 거리 농성과 송전탑 고공 농성, 서울 대한문 투쟁, 평택

원에 소송을 제기한 지 2년 7개월 만에 나온 1심 판결이다. 쌍용차지부 비정규직지회는 2014년 4월 13일이면, 노조를 설립하고 투쟁을 시작한 지 2,000일을 맞는다. 이제 장기간의 투쟁을 끝내고 비정규직 철폐를 위해 당당하게 정규직으로 현장으로 복귀하겠다는 투쟁의 일념으로 오늘도 투쟁을 계속하고 있다.

역 광장 앞 천막 농성 등 투쟁을 이어 왔다. 이렇게 투쟁을 이어 가면서 비정규직노조 4명의 노동자들은 2011년 4월 '근로자지위확인 소송'을 제기했다. 2013년 11월 29일, 수원지방법원 평택지원은 쌍용자동차 사내 하청업체에서 일하다가 2009년 대규모 정리해고 사태 당시 해고되었던 비정규직 해고노동자 4명이 원청인 쌍용자동차를 상대로 제기한 근로자지위확인 소송에서, 비정규직 노동자들이 불법 파견으로 일했으며 구 파견근로자보호 등에 관한 법률에 따라 각 입사일로부터 2년이 경과한 시점부터 쌍용자동차의 정규직임을 인정한다는 판결을 내놓았다. 이번 판결은 서맹섭 비정규직지회장을 포함한 4명의 비정규직 해고노동자들이 법

쌍용자동차 투쟁
6년간의 기록

2009년

1월 9일 상하이차 경영 포기, 쌍용자동차 기업회생절차 신청

1월 22일 쌍용자동차 전 공장 생산 중단

2월 6일 서울중앙지방법원 파산4부, 쌍용자동차 기업회생절차 개시 결정

3월 9일 쌍용자동차, 사내 하청업체 비정규직 35명 정리해고 통보

4월 8일 쌍용자동차, 2,646명 인력 감축 포함한 경영정상화 방안 발표/스트레스로 인한 두 아이의 유산을 겪은 바 있는 비정규직 노동자 오OO, 사측 정리해고안 발표 당일 자살. 첫 번째, 두 번째 죽음

4월 13~14일 민주노총 전국금속노동조합 쌍용자동차지부(이하 쌍용차지부), 쟁의행위 찬반 투표 실시. 97.55% 투표율, 86.13% 찬성

5월 8일 쌍용자동차, 노동부에 2,405명 정리해고 신청서 제출/쌍용차지부 노동부 항의 방문

5월 13일 쌍용차지부 김을래 부지부장, 김봉민 정비지회 부지회장, 서맹섭 비정규직지회 부지회장 굴뚝 농성 돌입

5월 19일 쌍용차지부 전 조합원 결의 대회. '공적자금 투입으로 쌍용자동차 회생 지원, 정리해고 철회, 총고용 보장' 요구

5월 21일 쌍용차지부, 총파업 돌입

5월 22일 쌍용차지부, 무기한 점거 파업 시작/서울중앙지방법원, 1차 관계인 집회 열고 회생계획안 제출 명령

5월 27일 엄OO, 신경성 스트레스로 인한 뇌출혈 사망. 세 번째 죽음

5월 31일 쌍용자동차, '쌍용차지부 파업 철회시까지' 직장 폐쇄

6월 2일 쌍용자동차, 정리해고 대상자 1,056명에게 1차 우편 통보

6월 8일 쌍용자동차, 희망퇴직 신청자 80명을 제외한 976명에 정리해고 통보

6월 9일 법원, 쌍용차지부 불법 점거 가처분 신청

6월 11일 김OO, 구조조정 압박과 스트레스에 따른 허혈성 심근경색으로 사망. 네 번째 죽음

6월 15일 쌍용차지부, 사측 법정 공동관리인을 살인 혐의로 검찰에 고발

6월 18~19일 쌍용자동차 노사, 조건 없는 대화 열었으나 협상 결렬

6월 22일 쌍용자동차, 쌍용차지부에 50억 원 손해배상청구 소송 제기, 쌍용차지부 간부 9명에 5억 원 가압류 신청

6월 23일 쌍용차지부, 김창록 전 산업은행 총재 특경가법상 배임 등의 혐의로 검찰에 고발

6월 26일 쌍용자동차, 976명 구조조정안 담긴 최종안 쌍용차지부에 제시/사측 임직원 3,000여 명 공장 난입 시도

7월 2일 김OO, 희망퇴직 후 경제난 비관해 번개탄 피우고 차 안에서 자살. 다섯 번째 죽음

7월 3일 쌍용자동차, 금속노조 위원장 등 '외부 세력' 62명 고소

7월 20일 34개 중대 규모의 경찰 병력, 공장 진입/쌍용차지부 이OO 부인 자살. 여섯 번째 죽음

7월 27일 쌍용차지부, '총파업 투쟁 승리를 위한 전 조합원 결의 대회'/교섭 의사 밝힌 도장 공장 옥상 기자회견

7월 29일 쌍용자동차협동회 채권단, 조기 파산 요구서 제출 결정, 사측 청산형 회생계획안 언급

7월 30일 쌍용자동차 노사, 42일 만에 평택 공장 내 컨테이너에서 교섭 시작

8월 2일 쌍용자동차, 7차 본교섭에서 협상 결렬 선언

8월 4일 경찰 진압 작전 시작, 차체 공장 옥상에서의 충돌로 경찰, 쌍용차지부, 사측 모두 150명에 이르는 부상자 속출

8월 6일 쌍용자동차 노사, 정오부터 최후 협의 시작해 '52% 구조조정, 48% 구제안'에 합의, 합의 직후 조합원 96명 연행

8월 20일 천OO, 강압적인 경찰 조사 후 동료들에게 미안하다는 유서 남기고 약을 복용하여 자살 기도

9월 14일 이OO, 자신의 집 베란다에서 호스로 목을 매 자살 기도

9월 15일 쌍용자동차, 회생계획안 제출

11월 14일 정리해고 조합원, 희망퇴직자, 무급휴직자, 징계해고자 등이 중심이 되어 '정리해고자 특별투쟁위원회' 결성

12월 17일 서울중앙지방법원 파산4부, 쌍용자동차 회생계획안 강제 인가 결정

2010년

1월 18일 검찰, 77일간 투쟁을 벌인 쌍용차지부 간부 22명에게 징역 7년에서 2년 구형

2월 12일 수원지방법원 평택지원, 1심에서 한상균 전 지부장 외 쌍용차지부 간부 8명에게 각각 징역 4년과 3년 선고

2월 20일 재직자 김OO, 자동차에 연탄가스 피워 자살. 일곱 번째 죽음

3월 2일 경기지방노동위원회가 쌍용자동차 부당해고 및 부당노동 행위 구제 신청 사건 1차 심문 회의를 개최

4월 25일 조합원 임OO 아내 서OO, 아파트에서 투신자살. 여덟 번째 죽음

5월 4일 희망퇴직 후 분사한 쌍용자동차 시설팀에 근무하던 최OO 심근경색으로 사망. 아홉 번째 죽음

5월 10일 쌍용자동차 매각 공고

5월 28일 인도 마힌드라 그룹 인수의향서 제출

7월 1일 쌍용자동차 졸속 매각 반대와 해고자 복직을 위한 촛불 문화제 '가자! 정든 일터로' 개최

7월 9일 이OO, 파업 이후 우울증으로 자살 시도

7월 13일 계OO, 파업 상태가 지속되는 것으로 착각하는 정신분열증으로 병원 입원

7월 28일 쌍용자동차 제2의 졸속 매각 저지를 위한 결의 대회 개최

8월 5일 '쌍용자동차 2009년 합의이행, 구속자 석방 해고자 복직 실현, 졸속 매각을 반대하는 86인 선언' 기자회견 진행

8월 9일 서울고등법원 형사7부, 항소심에서 한상균 전 지부장에게 징역 3년 선고

8월 16일 쌍용차지부 비정규직지회, '확약서 이행가처분신청'을 법원에 제출

8월 23일 쌍용자동차, 마힌드라 그룹과 인수합병 양해 각서 체결

8월 26일 수원지방법원 행정1부, 평택 공장 진입 명령 거부한 경찰 간부에 대한 해임 부당 판결

9월 1일 중앙노동위원회, 창원 공장 노동자 4인 부당해고 판정

10월 13일 무급자 법적 소송 진행

11월 19일 희망퇴직자 김OO, 심근경색으로 사망. 열 번째 죽음

11월 23일 쌍용자동차와 우선협상 대상자 마힌드라 그룹, 인수합병을 위한 본계약 체결

11월 24일 쌍용자동차 노사, 마힌드라 그룹과 특별 노사 합의서 체결

12월 14일 희망퇴직자 황OO, 자택 화장실에서 목매 자살. 열한 번째 죽음

12월 24일 구속 기소된 금속노조 김혁 미조직 비정규국장 사건에 대해 대법원 원심 파기 선고

2011년

1월 13일 생활고에 시달리던 희망퇴직자 서OO, 차 안에서 연탄가스를 마셔 숨진 채로 발견. 열두 번째 죽음

1월 28일 대법원, 한상균 전 지부장에게 징역 3년을 선고한 원심을 확정

2월 22일 쌍용자동차, 신차 '코란도C' 출시

2월 26일 2010년에 아내의 자살을 경험한 무급휴직자 임OO, 집에서 잠자다가 돌연사. 열세 번째 죽음

3월 1일 조OO, 차량 안에서 연탄불 피워 자살. 열네 번째 죽음

3월 9일 쌍용자동차, 기업회생절차 종료 신청

3월 14일 서울중앙지방법원, 쌍용자동차 기업회생절차 종료 결정

3월 15일 마힌드라 그룹, 쌍용자동차에 2,400억 원을 투자키로 확정

4월 29일 서울남부지방법원에서 무급휴직자와 정리해고자, 징계해고자 각 3건에 대한 2차 심리 진행

5월 10일 희망퇴직자 강OO, 쌍용자동차 하청업체 H정공 휴게실에서 숨진 채 발견, 열다섯 번째 죽음

5월 14일 쌍용자동차 해고자를 위한 김제동 콘서트 개최

6월 21일 총파업 투쟁 2주년 결의 대회 개최

8월 6일 금속노조 김혁 미조직 비정규국장 안양교도소 출소

8월 23일 쌍용자동차, 마힌드라 그룹의 요구로 8월 예정된 중장기 발전 계획 발표 연기

8월 25일 쌍용차지부, '2009년 쌍용자동차 파업 단순 참가자에게 징계해고는 부당하다'며 제기한 재판에서 승소, 해고 무효 선고

10월 4일 2009년 파업 참가 재직자 고OO, 자신의 차량에 연탄불을 피워 놓고 스스로 목숨을 끊음. 열여섯 번째 죽음

10월 10일 30대 희망퇴직자 김OO, 자신의 집에서 목을 매 숨져. 열일곱 번째 죽음

11월 8일 10월 29일 실종됐던 재직자 윤OO, 안성휴게소 뒤편 야산에서 목을 매 숨진 채로 발견. 열여덟 번째 죽음

11월 10일 희망퇴직자 차OO의 아내, 기도가 막혀 사망. 열아홉 번째 죽음

12월 7일 쌍용차지부, '희망텐트' 농성 돌입

12월 26일 '희망텐트촌' 노숙 농성장과 주변 현수막, 쌍용자동차에 의해 강제 철거

12월 30일 쌍용자동차 사측과 쌍용차지부, '희망텐트촌'의 1인 시위 장소 문제로 다시 충돌

2012년

1월 7일 쌍용자동차와 마힌드라 그룹, 5년간 8,000억 원 공동 투자 결정

1월 8일 마힌드라 그룹 부회장 "쌍용자동차, 인도서 연 1만 대 판매" 계획 인터뷰

1월 19일 쌍용자동차 해고자 153명 해고 무효 소송 1심 패소

1월 20일 희망퇴직자 강OO, 잠자던 중 심장마비로 사망. 스무 번째 죽음

1월 28일 쌍용자동차, "인도, 생산·수출 기지화 검토"

2월 13일 희망퇴직자 민OO, 당뇨 합병증으로 사망. 스물한 번째 죽음

2월 17일 서울 대한문에서 쌍용자동차 희생 노동자를 위한 천도재 열려

3월 13일 경찰 수사 우수 사례로 쌍용자동차 사태를 선정한 것에 대한 항의의 뜻으로,

김정우 지부장 등 6명이 기자회견을 갖고 경찰청장에게 항의 서한 전달, 경찰청에 진입하려던 지부장 등 6명 연행

3월 30일 정리해고자 이OO, 투신자살. 스물 두 번째 죽음

4월 5일 쌍용차지부, 대한문 분향소 설치

4월 16일 만화가 박재동, 방송인 김미화를 포함한 문화 예술계 인사 20여 명, 대한문 분향소에서 쌍용자동차 해고노동자 문제 해결을 촉구하는 기자회견 진행

4월 18일 서울고등법원 행정6부, 쌍용자동차가 중앙노동위원회를 상대로 제기한 부당해고 구제 재심 판정 취소 판결에 대한 항소 기각

4월 21일 쌍용자동차 희생자 범국민 추모대회를 진행하던 쌍용차지부 조합원들이 공장 진입을 시도, 조합원 등 3명 연행. 22명의 희생자를 상징하는 22개의 관을 앞세워 평택

공장 정문까지 행진 강행

5월 5일 쌍용자동차, 영업 이익 발생을 이유로 진행한다고 발표한 '쌍용자동차와 함께하는 야외 페스티벌 2012' 개최

5월 18일 쌍용자동차 희생자를 위한 5대 종단 합동 위령제 진행

5월 19일 쌍용자동차 희생자 범국민 추모대회 개최

5월 24일 서울 남대문경찰서와 서울 중구청 등이 대한문 분향소에 난입, 분향소를 철거하고 김정우 지부장을 연행

6월 11일 국회에서 쌍용자동차 문제 사회화를 위한 대토론회 진행

6월 25일 쌍용자동차 문제 해결을 위한 국회의원 모임 발족식 개최

6월 26일 쌍용자동차 문제 해결을 위한 국회 토론회 개최

7월 4일 노사, 임단협 타결. 무급휴직자 자녀

학자금과 우리사주 지급

7월 13일 근로복지공단 경인지부, 쌍용자동차 조합원에 대한 구상금청구 소송 취하

7월 21일 쌍용자동차 범국민 행동의 날, 1,200여 명 집결

8월 4일 한상균 전 지부장 석방

8월 8일 쌍용자동차 청문회 실시 새누리당 당사 앞 72시간 공동 행동 개최

8월 18일 대한문 앞에서 공지영 작가의 《의자놀이》 출판 기념 북 콘서트 개최

8월 21일 국회에서 5대 종단과 국회 환경노동위원회 위원 간담회 진행

9월 17일 조계종 노동위원회, 쌍용자동차 문제 해결 기원 10만 배 기도 진행

9월 20일 국회 쌍용자동차 청문회 시작

10월 8일 희망퇴직자 한OO, 당뇨 투병 중 합병증으로 사망. 스물세 번째 죽음

10월 10일 김정우 지부장 단식 시작

10월 16일 5대 종단 33인 원탁회의, 대한문 분향소 방문

11월 3일 사태 해결을 바라는 시민과 단체, 하루 동안 쌍용자동차 해고자 복직 위한 3,000인 단식 진행

11월 19일 단식 농성 41일째, 김정우 지부장 쓰러져 병원 후송

11월 20일 한상균 전 지부장, 문기주 정비지회장, 복기성 비정규직지회 수석부지회장, 국정조사 요구하는 송전탑 고공 농성 돌입

2013년

1월 4일 쌍용자동차, "무급휴직자 단계적 복직 추진" 입장 밝힘

1월 7일 정부와 쌍용자동차, 77일 점거 파업으로 인한 영업 손실로 쌍용차지부 간부와 금속노조를 상대로 총 430억 원의 손배가압류 제기

1월 9일 평택 공장 40대 직원 류OO, 평택 공장에서 '경제적 어려움' 토로하며 자살 기도/평택 공장 전 라인 잔업, 특근 재개

1월 10일 노사, 무급휴직자 455명 3월 1일부 전원 복직에 합의. 희망퇴직자 1,904명과 정리해고자 159명 제외

1월 18일 자살기도 류OO 끝내 사망. 스물 네 번째 죽음

2월 5일 대통령직인수위원회 앞에서 쌍용자동차 국정조사 요구하며 노숙 농성 시작

3월 3일 대한문 분향소 방화 발생

3월 5일 무급자와 징계해고 승소자 등 480여 명 공장 복귀

3월 15일 고공 농성 중이던 문기주 정비지회장 건강 악화로 송전탑에서 내려옴

5월 10일 171일 만에 송전탑 고공 농성 해제

6월 7일 쌍용자동차 정리해고자 153명이 제기한 정리해고 무효 확인 항소심에서 회계조작 관련 특별 감정 돌입

6월 10일 서울 중구청과 서울 남대문경찰서, 대한문 분향소 강제 철거 시작

6월 17일 쌍용자동차 범국민대책위원회, 청와대 인근 청운동사무소 앞에서 대통령 면담 요구 5박 6일 농성 돌입

7월 9일 심상정 진보정의당 의원, 민병두, 김기준 민주당 의원, 민변, 참여연대가 안진회계법인의 금감원 제출 최종 조서에 회계조작이 있었다는 내용의 기자회견 진행

8월 27일 천주교 사제·수도자 5,038명 쌍용자동차 사태 해결 촉구 기자회견 진행

9월 10일 쌍용자동차 조합원 및 연대 단위 12명 쌍용자동차 문제 해결을 위한 집단 단식 돌입

9월 30일 쌍용차지부와 쌍용차범국민추모위원회, 21일간의 집단 단식 투쟁 마무리

10월 14일 쌍용자동차 이유일 사장, 국회 환경노동위원회 국정감사에서 희망퇴직자 중심으로 충원 계획 언급

11월 16일 대한문 분향소를 평택 쌍용자동차 공장 앞으로 이전

11월 27일 쌍용자동차 평택 공장 앞에서 희망김밥 판매 시작

11월 29일 수원지방법원 평택지원 민사1부, 쌍용자동차 사내 하청노동자 4명의 불법 파견 인정, 비정규직 노동자 4명이 회사를 상대로 낸 '근로자지위확인 소송'에서 원고 승소 판결. 같은 날, 쌍용자동차 해고노동자들과 금속노조 간부들에게 47억 원 가량의 손해를 배상하라고 판결

12월 2일 서울중앙지방법원 형사합의 38부, 김정우 전 지부장에게 징역 10월 선고

12월 6일 서울행정법원 행정6부, 대한문 분향소 설치를 막기 위해 화단을 설치하고, 집회 및 시위를 허용하지 않았던 경찰과 서울 중구청의 처분이 위법하다고 판결

2014년

1월 13일 쌍용자동차 문제 해결을 요구하는 평택역 광장 농성 600일 차

2월 7일 쌍용자동차 해고자 153명 해고 무효 소송 항소심 승소

2월 10일 김제동 토크콘서트 '봄날 이야기' 개최

2월 18일 쌍용자동차 해고자 187명, 쌍용차 문제 해법 촉구 기자회견 진행

아무도 잊혀지지 마라

발행일 2014년 5월 2일

지은이 점좀빼
사진 디렉터 한금선
펴낸이 김경미
편집 강준선
디자인 이슬기
펴낸곳 숨쉬는책공장
종이 영은페이퍼(주)
인쇄&제본 ㈜상지사P&B
리터칭 후원 Soul Print

등록번호 제2014-000031호
주소 서울시 마포구 잔다리로 61 402호, 121-894
전화 070-8833-3170 팩스 02-3144-3109
전자우편 sumbook2014@gmail.com

ISBN 979-11-952560-1-3 03330

이 책의 수익금 중 일부는 장기투쟁사업장 투쟁기금으로 쓰입니다.

이 도서의 국립중앙도서관 출판시도서목록(CIP)은
서지정보유통지원시스템 홈페이지(http://seoji.nl.go.kr)와
국가자료공동목록시스템(http://www.nl.go.kr/kolisnet)에서
이용하실 수 있습니다.(CIP제어번호: CIP2014011983)